LA RÉPUBLIQUE

AVEC LE CONCOURS DE LA FEMME

PAR

Pierre GUERIN,

Auteur du Cri du Cœur, brochure patriotique,
De la Violette, mélodie,
Des Salariés de la Métallurgie, critique humoristique,
etc., etc.

GRENOBLE
IMPRIMERIE DE PRUDHOMME
14, rue Lafayette, 14
—
1870

A ma bonne et excellente Amie

Claudine de G.....

LA RÉPUBLIQUE

Avec le Concours de la Femme

I.

Préambule.

Chère et vertueuse Amie,

Si les souffrances de notre chère Patrie ont eu un écho dans votre cœur patriotique, je n'en suis pas étonné ; car, si j'ai bonne mémoire, je me souviens de nos conversations au sujet de la France républicaine, de nos espérances de voir l'adoption définitive de la République par la volonté du peuple français, et de ne vouloir qu'un gouvernement en France : celui du peuple par le peuple.

Quoi, me disiez-vous, après les rudes épreuves

subies par la Nation française, gouvernée par des rois ou des empereurs, n'aurons-nous pas le courage d'essayer du gouvernement de la République ?

Oh ! que vous aviez raison de dire que les vingt dernières années qui viennent de s'abîmer dans le honteux désastre de Sédan, avaient considérablement sali la morale et la vertu !

Vous avez bien nommé notre époque en la désignant sous le nom trop véritable de *vingt années de mascarade*. La vérité, vêtue en mardi-gras, protégeait le mensonge et la perfidie ; les meilleurs sentiments étaient foulés aux pieds ; les meilleurs citoyens, envoyés comme des galériens à Cayenne et à Lambessa.

La probité, toujours méconnue, était traînée comme une courtisane quand elle ne se vendait pas ; et, par un revers fatal, le vice étalait insolemment toutes les hontes, qui étaient pour les vendus de cette époque autant de titres à faire valoir pour avoir droit impunément au gaspillage.

Combien j'admire vos paroles sur la moralité... comparée par vous à une pauvre fille, à une humble ouvrière, luttant péniblement contre les tentations, souvent avec désespoir, afin de se maintenir le front haut, succombant peu à peu par des besoins de toute nature ! Si l'homme est devenu, par la morale dégénérée, caustique, persiffleur, puis blasé, il est temps enfin que la femme revendique sa part dans les souffrances morales de la société.

Quoi! Madame, votre sexe douterait-il de l'homme? Je ne puis le croire; car, connaissant votre sens toujours droit et juste, vous avez trop d'intelligence pour que vous ne compreniez pas que l'homme, dans ses souffrances physiques et morales, vous comprenait, en suivant pas à pas les progrès du mal qui se glissait comme un venin dans nos veines, soit par le besoin, soit par la luxure.

Il est malheureusement trop vrai que l'homme est souvent disposé à jeter le blâme sur la femme légère; je reconnais là la mauvaise organisation de la société, qui ne pouvait, sous un gouvernement sans principe et sans foi, se régénérer par une nouvelle organisation, n'ayant ni la liberté ni l'initiative nécessaire pour agir. Que faut-il au gouvernement personnel? Un pouvoir absolu pour disposer de l'honneur, de la vie et de la fortune d'un peuple; pour cela, il faut qu'il affiche bien haut des vertus qu'il ne possède pas : car c'est au nom d'une fausse vertu que l'on corrompt la véritable.

Vous m'avez dit souvent que le principe républicain devait être connu de la femme aussi bien que de l'homme, et que les maximes qui leur sont propres fussent propagées chez le riche comme chez le pauvre, dans le salon comme dans la mansarde ; que le peuple lise, et surtout les habitants des campagnes. Le Plébiscite de mil huit cent soixante-dix et l'invasion qui est son œuvre doit être, pour les Citoyennes et les Citoyens, une terrible leçon pour l'avenir... Merci, mon amie, de vos bons souhaits, que j'énumère ici avec un grand plaisir.

L'avènement de la République, au quatre septembre mil huit cent soixante-dix, vous a causé une joie immense ; joie, je vous assure, partagée par tous les honnêtes gens. Vous souhaitez que la femme ne reste pas inactive, je suis de votre avis, mais pour cela il faut qu'elle fasse sa révolution morale, en s'initiant aux principes ; alors, chaque mansarde, chaque chaumière, seront l'antichambre du club où le mari, causant du principe républicain, le soir, après une journée de labeur, sera compris et discuté par sa femme, car il est bien entendu que généralement la femme a le sens droit et subtil ; aussi chaque Citoyen, après la causette du souper, lorsqu'il se rendra au club, aura-t-il l'avantage d'apporter des projets, des idées déjà épurées par la conversation avec sa compagne, et voyez quel avantage : la femme, sans se mêler directement aux affaires publiques, n'y sera pas étrangère ; les enfants aussi, écoutant, retiendront, et peu à peu, en grandissant, ils s'initieront à la politique libérale de la petite famille ; plus tard, ils continueront l'œuvre régénératrice de la grande famille républicaine.

Votre désir était de voir un écrit intitulé : *La République avec le concours de la Femme*, c'est sous ce titre que je place vos pensées, en souvenir de nos conversations patriotiques. J'ignore si ma faible imagination, poussée par quelques observations, sera à hauteur de la tâche que je m'impose volontairement, mais j'espère être soutenu de vos conseils.

II.

Liberté.

La Liberté est un besoin de la nature ; avec elle un peuple grandit : si l'homme aspire avec ardeur à un sentiment aussi naturel, ces légitimes aspirations sont partagées par la femme ; car, qui mieux qu'elle a horreur du despotisme ? Le mariage n'est-il pas pour quelques-unes d'elles une affreuse tyrannie? Combien ce terrible mot : *Vous devez obéissance à votre mari*, a-t-il plongé de pauvres femmes dans la boue de l'infamie! La malheureuse qui gémit sous le joug conjugal, livrée aux brutalités d'un homme dont la faiblesse de caractère a détruit la raison pour le rendre assez pervers ou lâche à pousser la compagne de sa vie à détruire son honneur afin d'obtenir une place ou un emploi lucratif, ce qui se faisait fréquemment sous l'empire, n'est-elle pas bien à plaindre? car l'exemple d'un pareil trafic nous venait de ce que l'on nomme, je ne sais trop pourquoi, le *monde*, comme si la classe des travailleurs n'était pas du *monde*!

La vérité est que la tyrannie et le despotisme, sous quelque forme qu'ils s'exercent, détruisent souvent et presque toujours le moral, en affaiblissant le cerveau, ce siége de la pensée ; et lorsque le moral est affaibli, l'abrutissement succède à l'intelligence. Alors, le corps suit la pensée, il devient inerte, il subit une influence étrangère qui le pousse aussi bien aux vices qu'à la vertu ; le corps, dans cette condition, est complètement affaissé.

Si la femme, qui est plus sensible et partant plus facile à démoraliser, est faible, elle cherche un refuge n'importe où elle le rencontre. Quelques-unes se livrent au vice le plus éhonté : courtisanes se vendant au plus offrant comme un vil bétail, elles servent les despotes, car elles font un trafic des meilleurs sentiments, et cela au profit du lâche despotisme.

L'espionnage, la délation par les femmes courtisanes, étaient beaucoup plus précieux que ceux des hommes démoralisés. Demandez aux Badinguétistes si leur maître a su former plusieurs régiments d'espions marchant au combat avec un courage digne de leur général, l'héroïque flibustier de Boulogne et de Sédan !

Saluons avec bonheur la liberté naissante, car avec elle de nouvelles institutions seront créées. Nos enfants grandiront sous son égide, et la République sera une œuvre accomplie.

Dans le mouvement qui doit s'effectuer, la femme a une belle tâche à remplir, c'est de soutenir l'homme dans la lutte qu'il entreprend contre l'ignorance, la routine, et pour le renversement de toutes les institutions monarchiques ; que la femme, dans cette noble mission, en soit la pensée intelligente, pour que l'homme puisse, par son action énergique, avoir la volonté d'accomplir les réformes libérales, nécessaires à tous deux ; car, n'oublions pas que la femme élève les enfants des hommes, qu'elle leur donne, avec la vie, les premiers germes de la liberté.

Femmes républicaines, le premier acte de votre émancipation est de réclamer votre liberté. Cette liberté vous est ravie conditionnellement par ces mots : « *Vous devez obéissance à votre mari ;* » faites remplacer ces mots, qui indiquent que vous avez un maître absolu, par d'autres plus en harmonie avec la liberté, tels que : « *Respect et obéissance mutuelle de l'homme et de la femme.* »

III.

Egalité.

Il ne faut pas se méprendre sur le mot «Egalité». L'égalité est pour toutes les citoyennes et tous les citoyens une garantie de justice devant la loi.

Nous ne devons pas être victimes de la perturbation qu'a causée ce noble mot, interprété méchamment ou calomnieusement par les ennemis de la République.

« L'Egalité, disait-on à la Bourgeoisie et surtout aux habitants des campagnes, l'Egalité, aux yeux des Républicains, n'a d'autre signification que le partage de vos biens ; et vous souffririez, en adoptant ce principe, que vos enfants soient dépouillés au profit des paresseux, des gens sans aveux, qui, après avoir partagé vos biens, les dissiperont bien vite en débauche, puis recommenceront plus tard à vous prendre le fruit de vos peines ? » Défiez-vous de ces insinuations perfides, car l'Egalité, chez le vrai républicain, consiste à rendre la loi équitable pour tous, à détruire le privilége qui crée des inepties, car toujours le talent et le génie étaient méconnus des favoris de la fortune, quand ils venaient du peuple. Sous une loi égalitaire, l'humble agriculteur, le pauvre artisan, le bourgeois, comme le millionnaire, auront droit, suivant leur talent, aux emplois les plus élevés.

Que la femme prenne hardiment l'initiative du progrès moral : la République lui a préparé une issue, l'Egalité lui donne le droit d'être l'égale de l'homme.

Les Citoyennes doivent, au nom de leur sexe et du respect humain, faire respecter leurs droits trop souvent méconnus.

Vous me demanderez sans doute, charmante lectrice, et vous, lecteur, de quel droit je prétends parler ? Du premier de tous, *du droit à la vie*, car, si l'homme veut travailler pour vivre, la femme ne peut et ne doit pas vivre que pour travailler. L'homme à qui incombe la mission de protéger la femme, fait respecter, sous la robe du magistrat, l'égalité au moyen de la loi, qui est juste ou qui doit l'être ; il doit s'acquitter de ce devoir avec justice et impartialité.

Quelques années avant que l'ex-empire vînt, dégoûtant par ses vices et couvert du sang des enfants de la France, s'anéantir lui-même à Sédan, la France marchait insoucieusement à sa perte sans égard pour sa dignité. Seuls, quelques hommes énergiques osèrent protester contre les inepties et les abus de pouvoir. La femme restait muette et impassible à nos futurs désastres. Ce n'est pas, croyez-le bien, qu'elle n'ait eu sa part de souffrances morales et physiques : au moral, sa dignité a été indignement outragée ; au physique, le labeur qui lui était imposé était souvent au-dessus de ses forces.

Sous l'Empire et sous toute espèce de gouvernements monarchiques, qui sont, pour les producteurs, autant de gouffres insatiables où l'argent, l'existence et l'honneur de leurs femmes sont toujours sacrifiés, les charges, surtout en ces dernières années, étaient trop lourdes et tout était hors de prix : le peuple ne pouvait plus

vivre. Les femmes, sans exception, étaient for-
cées d'exécuter les travaux les plus pénibles, les
moins en rapport avec leur sexe, les plus irritants
à leur constitution nerveuse ; et que gagnaient-
elles en faisant leurs onze et souvent douze heures
de travail par jour? peu de chose, presque rien!
Comme si la femme n'avait pas le droit d'être ré-
tribuée comme l'homme ! Si ce droit n'a jamais
existé que de nom, il doit exister de fait sous
un gouvernement républicain ; si la femme doit
continuer son travail à l'atelier, ce travail doit lui
être rétribué d'une manière plus en harmonie
avec la justice et l'égalité.

Si la journée de travail de l'homme est fixée à
dix heures, celle de la femme ne doit pas être
plus prolongée ; car, lorsqu'elle rentre du ma-
gasin ou de l'atelier, sa journée n'est pas encore
terminée : elle a un mari, des enfants, pour lesquels quelquefois elle est forcée de veiller très-
tard. Je puis le dire sans crainte d'exagérer, le
rôle de la femme, forcée pour vivre de travailler
hors de chez elle, est très-ingrat.

Qui de vous, amis lecteurs et amies lectrices, n'a
travaillé ou vu travailler des femmes jusqu'à onze
heures, minuit, et d'autres passant jusqu'à trois
nuits par semaine pour donner un peu de pain
à leurs vieux parents? Honneur à ces héroïnes

de la misère ; pitié et pardon pour celles qui, comme l'ange déchu, sont tombées dans la boue! la République leur tend la main en leur disant, aux premières : Séchez vos larmes, calmez vos inquiétudes, héroïques femmes ; aux dernières : Sœurs avilies par les pouvoirs d'une dynastie qui ne vous laissait d'autre choix dans la vie que la honte, le déshonneur, et la hideuse, l'effroyable misère, relevez-vous, car vous avez une jeune sœur en l'Egalité ; soyez régénérées, soyez les bienvenues, car la République, cette jeune et tendre mère des citoyennes et des citoyens, a besoin de tous ses enfants.

Il est nécessaire que de nouvelles institutions se créent, afin de rendre à la mère de nos enfants les droits qui lui sont dus, et pour cela, la femme doit donner son avis, soit par écrit, soit par son mari, son mandataire naturel. Si les hommes oubliaient, chose incroyable ! d'aider à la régénération morale et physique de la femme, ils tueraient la République dans l'avenir, car, si la révolution individuelle de la femme ne s'accomplit pas, nos enfants ne pourront sucer, avec le lait de leur mère, les sentiments patriotiques qui font un grand peuple voulant l'Egalité.

IV.

Fraternité.

Voilà un mot qui est fort attrayant ; aussi j'éprouve toujours, en le prononçant, un véritable plaisir, n'en déplaise au donneur d'eau bénite de Cour : oui, la Fraternité, qui est le complément de cette belle trinité du principe républicain, a un charme mystérieux qui nous fait espérer en l'avenir.

Femmes républicaines, saluons l'aurore de la liberté française ! l'Egalité vous donne le droit de Fraternité ; que votre courage fasse pâlir les citoyens qui douteraient et qui craindraient de marcher en avant. A l'exemple des Sabines, ces héroïques Romaines ne reculaient que devant la lâcheté ; que chaque citoyenne fasse fraternellement son devoir en stimulant les tièdes, en poussant en avant ceux qui n'ont plus ni courage ni volonté : masses inertes, la femme seule aura le secret de découvrir s'il leur reste au cœur une fibre patriotique ; si elle ne réussit pas, c'est qu'ils seront bien mo

Avec la Fraternité, et ne marchant pas sans elle, nous trouvons deux mots très-agréables aux travailleurs, mais qui malheureusement ont toujours été méconnus par l'individualisme ; je veux parler de la *Mutualité* et de la *Solidarité* : chaque citoyenne, chaque citoyen se pénétrant de ces admirables mots, la République devient invincible et ne tombera jamais plus !

La Mutualité veut dire : aidons-nous les uns les autres de nos conseils, de nos moyens pécuniaires. Pour observer les principes de la Mutualité, on ne doit pas tout vouloir d'un côté et rien de l'autre ; en pensant ainsi, on est égoïste : à ma connaissance, l'égoïsme est un vice honteux, quoique, hélas ! il y en ait encore beaucoup ici-bas !

Si la Solidarité est un lien fraternel entre citoyennes et citoyens, combien peu l'observent ! La femme qui élève, qui guide nos premiers pas dans la vie, doit être soutenue et protégée par l'homme qui fait les lois, les exécute ou les fait exécuter ; et tolérer l'avilissement de la femme en continuant l'œuvre de démoralisation par la misère, c'est manquer aux principes de l'humanité, c'est renier la solidarité, car nous sommes solidaires de l'honneur de nos sœurs, de nos femmes, de nos enfants ; nous sommes solidaires de l'honneur, de la grandeur de la France ! La République a une devise immortelle : Liberté, Egalité, Fraternité ; cette devise constitue le principe démocratique qui doit être radical ; d'un autre côté, nous ajoutons une autre devise aux principes sociaux.

Le Socialisme qui, s'il était compris de la généralité des travailleurs des deux sexes, n'importe à quel degré de l'échelle sociale ils appartiennent, serait appelé à détruire le Paupérisme avec son cortége de malheureux. Ainsi nous disons que la Mutualité et la Solidarité sont les flambeaux avec lesquels les travailleurs doivent éclairer l'avenir de la République démocratique et sociale.

Aujourd'hui qu'un souffle libéral ranime l'âme meurtrie de la Patrie, il est nécessaire, pour le bien de tous, que les Démocrates et les Socialistes restent fortement unis, car là seulement est la force. Nous pouvions, il n'y a guère que quelques mois, que quelques jours seulement, comparer la Politique et la Solidarité à deux sœurs : la première, orgueilleuse et fière, jouissait de toutes les aisances de la vie, allait en voiture, n'avait jamais froid ni faim, et prenait des semaines de congé par année, afin de réparer ses forces épuisées par... quelques heures de travail, et refaire sa santé altérée par... des excès de toute nature ; et la dernière, comme le Cendrillon des contes de

Perrault, était obligée, afin de suffire au luxe effréné de la première, d'aller dans la boue souvent sans chaussure, de souffrir le froid, la faim, de travailler sans cesse et plus que la constitution humaine ne le permet, ne trouvant du repos pour réparer ses forces que lorsque celles-ci sont épuisées par le travail et les privations : est-ce dans un salon qu'elle va les recouvrer ? hélas ! non, c'est dans une pauvre mansarde où il manque souvent l'air hygiénique nécessaire à ses poumons fatigués, ou sur un lit d'hôpital, loin d'un parent, d'un ami ; quelquefois elle succombe obscurément sans qu'une main amie serre la sienne, sans qu'une larme de regret l'accompagne : son véritable repos, c'est la tombe.

Oui, la tombe, ce niveau social des grands et des petits qui y arrivent ensemble : les uns tués prématurément par leurs vices ; les autres, par de trop grandes vertus. O République, sainte République, que tu as à faire pour régénérer les peuples ! que tu as à faire pour laver les souillures que nous ont faites de misérables égoïstes que le peuple, dans son ignorance, décorait du nom pompeux de Souverains. Aussi, ces Souverains considèrent-ils le peuple comme une propriété héréditaire, comme un bétail que l'on achète, que l'on dépouille et que l'on vend : maudite race qui dois être de la descendance de Caïn, sois à jamais réprouvée par les enfants d'Abel !

Ces hommes qui, dans leur fol orgueil, prétendent avoir reçu de Dieu la mission de gouverner les peuples, sèment sur la terre des milliers de cadavres au profit de leur sot orgueil, de leur fortune ou de leur dynastie.

Arrière, despotes couronnés qui laissez bien loin derrière vous les Lacenaire et les Troppmann ! arrière tous ces *envoyés de Dieu*, car leurs victimes demandent vengeance au nom de l'humanité, pour tant d'hécatombes humaines au pied des trônes.

L'heure de la justice a sonné ; les peuples deviennent libres, libres enfin de s'aimer, de s'entr'aider mutuellement. La Fraternité ne sera plus un vain mot, car, sur la tombe du dernier des tyrans, la jeune France régénérée lèvera l'étendard de la Liberté.

Le gouvernement de la République n'est pas un épouvantail pour le vrai peuple : c'est le gouvernement de tous ceux qui aiment la vertu, la justice et l'honneur ; mais c'est l'épouvantail des *rongeurs*, des paresseux et des égoïstes. Après tout, que désire le peuple libre ? Il veut la liberté pour tous ; il veut que les droits de chaque citoyenne, de chaque citoyen, soient respectés.

Le peuple souverain veut la liberté des cultes :

liberté d'association, liberté de réunion, liberté de discussion, liberté de la presse, liberté enfin à toutes les initiatives qui ont pour but le maintien intégral de la République démocratique et sociale, l'ordre et la sécurité, la moralité et la justice.

La République avec le concours de la femme doit se faire moralement, car la femme, de tout temps, a joué un grand rôle dans l'histoire des peuples et surtout en France : si son action est indirecte, elle n'en est pas moins efficace.

La femme peut être d'un grand secours pour aider à consolider la république ; car, chez elle, la diplomatie n'exclut pas la ferme et virile volonté.

Citoyennes et Citoyens, que la Mutualité et la Solidarité soient notre règle de conduite dans l'avenir ; que la Liberté, l'Egalité et la Fraternité aient un écho dans nos cœurs : ne restons pas sourds aux lois de la nature, unissons-nous, et répétons à nos enfants cette maxime admirable : « Nul n'a droit au superflu, tant que le pauvre n'a pas le nécessaire. »

Salut et Fraternité.

PIERRE GUERIN.

Grenoble, le 25 octobre 1870.